고래를 삼킨 바다 쓰레기

와이즈만 환경과학 그림책은 우리 환경, 푸른 지구를 지켜 나가는 길을 함께 찾아가는 시리즈입니다.

와이즈만 환경과학 그림책 ⓴

고래를 삼킨 바다 쓰레기

초판 1쇄 발행 | 2019년 9월 30일
초판 13쇄 발행 | 2025년 4월 20일

유다정 글 | 이광익 그림 | 이종명 감수
발행처 | 와이즈만 BOOKs
발행인 | 염만숙
출판사업본부장 | 김현정
편집 | 김예지 양다운 이지웅
디자인 | 권승희
마케팅 | 강윤현 백미영 장하라

출판등록 | 1998년 7월 23일 제1998-000170
제조국 | 대한민국
사용 연령 | 5세 이상
주소 | 서울특별시 서초구 남부순환로 2219 나노빌딩 5층
전화 | 마케팅 02-2033-8987 편집 02-2033-8928
팩스 | 02-3474-1411
전자우편 | books@askwhy.co.kr
홈페이지 | mindalive.co.kr

저작권자 ⓒ 2019 유다정 이광익
이 책의 저작권은 유다정 이광익에게 있습니다.
저자와 출판사의 허락 없이 내용의 일부를 인용하거나 발췌하는 것을 금합니다.

• 와이즈만 BOOKs는 (주)창의와탐구의 출판 브랜드입니다.
• 잘못된 책은 구입처에서 바꿔 드립니다.

고래를 삼킨 바다 쓰레기

유다정 글 | 이광익 그림 | 이종명 (사)동아시아 바다공동체 오션 소장 감수

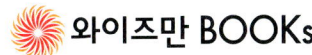
와이즈만 BOOKs

2016년 겨울 독일의 해안가에서
덩치가 산만 한 향유고래 한 마리가 죽은 채로 발견되었어.
사람들이 죽은 고래를 살펴보니 너무 궁금한 거야.
도대체 고래가 왜 죽었을까?

과학자들은 정확한 원인을 찾기 위해 고래를 해부했어.
맙소사! 고래 배 속을 본 과학자들은 충격에 빠졌단다.
배 속에는 고래가 즐겨 먹는 오징어나 물고기 대신
고기 잡는 그물, 크고 작은 비닐봉지, 자동차 타이어, 플라스틱 조각들 …….
이런 쓰레기들이 마구 뒤엉켜 있었거든.

그런데 고래는 왜 쓰레기를 먹었을까?

고래가 너른 바다를 헤엄쳐 다니다
바다에 떠다니는 비닐봉지를 해파리로 착각해서 먹고
플라스틱 장난감을 물고기로 착각해서 먹은 거야.
"저기, 맛있는 먹이가 있네. 얼른 먹고 힘을 내야지!"
하지만 이런 쓰레기는 힘을 주기는커녕 고통 속에 살다가 죽게 만들 뿐이야.
바다 쓰레기를 먹고 죽는 고래는 안타깝게도 해마다 늘고 있단다.

누가 바다에 쓰레기를 버리는 걸까?

에이, 그물이 또 찢어졌네.

고기를 잡는 어부가 망가진 그물을 바다에 버리기도 하고

'난 바다에 쓰레기를 버리지 않으니 괜찮아!'
많은 사람이 이렇게 생각할 거야.
하지만 그렇지 않아.
우리가 무심코 버린 쓰레기가 어디로 가는지 볼까?

비가 내리면 쓰레기는 빗물에 쓸려 하수구로 들어가.
하수구에서 하천으로
하천에서 강으로
강에서 바다로 흘러가지.
그러니까 산이나 강, 길에 버린 쓰레기가
바다 쓰레기가 될 수 있는 거야.

이런 일도 있어.
공장에서 오염이 심한 폐수의
처리비용을 아끼기 위해
바다로 몰래 흘려보내기도 하는 거야.
놀라지 마.
생물에게 큰 피해를 주는 핵폐기물을
바다에 풍덩 버리기도 한단다.

도대체 바다에 버려지는 쓰레기는 얼마나 될까?
그 옛날 자연에서 모든 것을 해결할 때는 바다에 쓰레기가 없었어.
하지만 세월이 흘러 사람들이 편리한 생활을 위해
여러 가지 다양한 물건을 만들어 내자
바다에도 쓰레기가 늘기 시작했지.
사람들이 사용하는 모든 것이 바다 쓰레기가 될 수 있거든.

한 해에 버려지는 바다 쓰레기는 1,000만 톤이 넘어.
그중에 가장 많은 것이 플라스틱이야.
플라스틱으로 만든 숟가락, 인형, 물병, 병뚜껑,
포장용기, 비닐봉지, 블록 …… . 너무너무 많아.

늘어나는 바다 쓰레기는 어떻게 될까?
무거운 것은 바닥으로 가라앉겠지.
하지만 대부분은 물 위에 둥둥 떠다녀.
그런데 그거 알아?
바닷물은 정해진 길을 따라 끊임없이 흐른다는 것!

그래서 바다 쓰레기도 물길 따라 흐르다 서로 모여
거대한 지대를 이뤄.
온갖 쓰레기로 이뤄진 지대.
바다에는 작게 부서진 플라스틱 조각이 모여 있는 지대가 여러 곳이야.

바다에 쓰레기가 늘어나면 어떤 일이 생길까?

"밧줄 고리에 묶여 죽을 것 같아!"
"안 먹어도 배가 불러. 왜 그러지?"
"제발 목에 걸린 낚싯바늘 좀 빼 버렸으면……."
"내 몸에서 그물 좀 떼어 줘."
사람들이 버린 쓰레기 때문에 바다 동물들이 고통받고 있어.
향유고래가 죽은 것도 결국 사람 때문인 거야.

온도상승

그뿐 아니라 바다는 쓰레기로 뒤덮여 황폐해질 거야.
그럼 열대 바다의 화려한 산호초도 보기 어렵겠지.
산호초가 이산화 탄소를 빨아들이고 산소를 뿜어내며
지구의 온도를 낮춰 주는 역할을 하는데
다 죽으면 어떤 일이 일어날까?

지구의 온도가 지금보다 더 높아질 거야.

지구의 온도가 높아지면 태풍, 가뭄, 홍수 같은
자연재해가 자주 일어날 거야.
또 극지방의 빙하가 녹아 해수면이 높아지겠지.
그럼 바다 한가운데 있는 투발루, 몰디브, 피지, 키리바시 같은
섬나라는 물속으로 사라지고 말 거야.
지금도 서서히 잠기고 있거든.
거기 사는 동물이나 사람들은 어떻게 하지?

살려 주세요!

미세 플라스틱을 먹은 물고기들이
우리 식탁에 오르면
그걸 먹는 우리 몸에도 독성이 쌓일 거야.
결국 우리도 피해자가 되는 거지.

바다 쓰레기를 치울 수는 없을까?

잠수부가 주워 오면 될까?

망으로 쓰레기를 건져 올리면 될까?

아주 커다란 그물을 끌고 다니며 쓰레기를 잡으면 될까?

버려지는 쓰레기는 점점 늘어만 가고 있어.

이러다 물분수를 뿜어 대는 고래를,

사람보다 훨씬 오래 사는 바다거북을,

그리고 바다 위를 훨훨 나는 바닷새를

더는 못 보게 되면 어쩌지?

우리는 생명의 바다를 지키기 위해
플라스틱의 사용을 줄이고,
해안가에 나뒹구는 쓰레기도 주워야 해.
바닷가에 팻말을 만들어 꽂아 놓는 것도
좋은 방법이야.
사회적으로도 많은 노력을 하고 있어.
바다 생물이 먹어도 죽지 않게
보리와 밀을 이용해 포장재를 만들기도 하고

바다 쓰레기를 모으는 쓰레기통을 만들어 놓기도 해.
쓰레기가 모이는 곳에 거대한 그물을 만들어
건져 올리기도 하지.
이런 노력이 꾸준히 이어진다면
깨끗한 바다를 지켜 낼 수 있을 거야.
그럼 바다도 수많은 생명을 지켜 줄 테지.

캔맥주 묶음 포장재를 보리로 만드니 저절로 분해되네?

쓰레기를 아무 데나 버리지 마세요.
쓰레기를 버리면
앨버트로스가 죽어요.
거북도 죽고, 돌고래도 죽어요.

덩치가 산만 한 향유고래,
바다거북, 바다사자, 상어, 가오리, 고등어, 참치, 복어, 돌고래 …….
우글우글 바글바글 수많은 바다 생물이
행복하게 살 수 있도록 우리가 지켜 주자!

 더 알아보기

불법 해양 투기를 막는 런던협약

바다가 오염되는 것을 막기 위해 만들어진 국제 협약으로 해양환경에 최소한으로 영향을 주는 처리기준 내에서 해양투기를 허가하며 지속해서 쓰레기 배출해역을 확인하고 있어요. 가입한 나라는 영국, 덴마크, 독일, 스페인, 캐나다, 프랑스, 일본, 중국, 대한민국, 호주 등 85개국이에요.

작아서 더 위험한 미세 플라스틱

미세 플라스틱은 세안제, 치약 등에도 들어 있어요. 크기가 5미리미터 이하로 작아서 바다에서 걷어 내기가 쉽지 않아요. 이를 먹이로 오인하고 먹은 참다랑어, 황새치, 굴 같은 동물들은 성장에 장애를 겪고, 질병에 시달려요. 또 미세 플라스틱에는 바다를 떠도는 유해화학 물질들이 쉽게 달라붙는데, 결국 해산물을 먹는 사람들의 몸에도 각종 독성 물질이 쌓이게 돼요.

바다 쓰레기로 만든 작품

바다에서 쓰레기를 주워 멋진 작품을 만드는 예술가들도 있어요. 동물 모양, 장난감 등 다양한 모습을 하고 있지만 예술가들은 사람들이 바다가 오염되는 것에 관심을 갖고, 바다를 지킬 수 있는 대책을 만들자는 메시지를 담고 있어요.

플라스틱 정물 흔히 버려지는 쓰레기가 갖고 있는 문제점과 쓰레기 안에서 피어난 아름다움 두 가지의 의미를 담고 있어요. 마치 과거 시대의 정물을 보는 듯한 정적인 표현을 통해 현대가 갖는 환경에 대한 고민을 역설적으로 이야기하고 있죠.

육첩반상 해안가에 떠밀려 오는 미세 플라스틱 등 쓰레기들이 결국 우리 밥상에까지 오른다는 의미를 담고 있어요.

세한도 조선후기 추사 김정희가 그린 그림에서 아이디어를 얻어서 만든 작품이에요. 바닷가에 떠밀려 온 쓰레기와 버려진 창문으로 풍경이 있는 조명을 완성했어요.

김지환 정크아트(업사이클링) 작가는 2014년부터 제주 해안가에 떠밀려 온 바다 쓰레기 등을 활용한 작품 활동을 이어 오고 있으며, 2015년부터는 업사이클링 아트 체험 등 환경 교육을 위한 활동을 하고 있어요. 최근에는 'diup(do it upcycling; 너 스스로 업사이클링해라)' 캠페인을 통해 업사이클링 유튜브 영상 및 키트 제작 등 다양한 시도를 하고 있어요. 작가 홈페이지 주소: usingsea.modoo.at

글 작가의 글
바다, 우리가 지킬 수 있어!

바다 여행 좋아하니? 많은 사람이 바다 여행을 좋아해.
넓고 푸른 바다를 보면 저절로 기분이 좋아지니까.
차르르 다가오는 파도를 피해 당당당 뛰고,
고운 모래로 탑을 쌓았다 와그르르 무너뜨리고,
물속에 들어가 참방참방 걸어 다니면 기분이 정말 최고야!
하지만 바다에 쓰레기가 마구 늘어난다면 어떻게 될까?
사람들은 바다 여행을 하지 않을 거야.
더러운 바다를 보면 저절로 기분이 나빠질 테니까.
사람은 바다에 안 가면 그만이지만
바다에서 사는 생물은 어떻게 하면 될까?
"여기 맛있는 먹이가 있다!"
배고픈 고래가 커다란 비닐을 물고기로 착각해 먹고,
"엇, 저게 뭐야?"
거북이 플라스틱 빨대가 궁금해 다가가다가 콧구멍에 박히고,
"저기 재밌는 게 있네."

물범이 그물 있는 곳을 지나다 목에 걸리기도 해.
실제 이런 일이 자주 발생하고 있단다.
해마다 10만 마리도 넘는 바다 생물이 바다 쓰레기 때문에
죽어 가거든.
바다 쓰레기가 자꾸 늘어나면 거북, 고래, 상어, 물범 등
수많은 동물들이 영영 사라질 거야.
"안 돼요. 난 아름다운 바다 생물을 계속 보고 싶어요."
그럼 이제부터 쓰레기를 아무 데나 버리지 않는 거야.
그게 바다 생물을 지키는 가장 좋은 방법이거든.
잘 지킬 수 있지?

유다정

글 유다정

아이들의 지적 호기심을 채워 주기 위해, 올바른 지식을 재미있게 알려 주기 위해 늘 노력합니다.
2005년 창비 '좋은 어린이책' 기획 부문 대상을 받았습니다.
지은 책으로 《명품 가방 속으로 악어들이 사라졌어》, 《눈빛 여우와 모랫빛 여우》, 《지구를 구하는 발명책》,
《거인의 눈이 태양이라고?》, 《어른이 되는 날》, 《투발루에게 수영을 가르칠 걸 그랬어》 등이 있습니다.
일상 속에서 많은 것을 발견하는 힘을 기르도록 도와주기 위하여
〈한 걸음 더 어린이 인문학〉 시리즈를 쓰고 있습니다.

그림 이광익

대학에서 시각 디자인을 전공했고 그림 그리는 게 좋아 일러스트레이터가 되었습니다.
그림책과 어린이 문학을 비롯하여 어린이책 여러 분야에서 활발하게 작업하고 있습니다.
그린 책으로는 《과학자와 놀자》, 《쨍아》, 《꼬리 잘린 생쥐》, 《나비를 따라 갔어요》,
《나무야 새야 함께 살자》, 《뚜벅뚜벅 우리 신》, 《서울의 동쪽》, 《맨 처음 우리나라 고조선》 등이 있습니다.

감수 이종명 (사)동아시아 바다공동체 오션 소장

(사)동아시아 바다공동체 오션은 해양쓰레기 전문 시민단체 연구소입니다.
어떤 종류의 해양쓰레기가 어디에 얼마나 많은지 조사하고, 그것을 줄이기 위한 정책을 연구합니다.
시민들과 함께 이 문제를 해결하기 위해 교육과 홍보에도 힘쓰고 있으며,
아시아태평양 해양쓰레기 시민포럼의 사무국을 맡아 국제협력에도 기여하고 있습니다.
이 책은 (주)동아시아 바다공동체 오션 부설 한국해양쓰레기연구소 이종명 소장이 감수했습니다.
www.osean.net